AF222244

Impressum
Verlag: BABADADA GmbH, Nedderfeld 112 , 22529 Hamburg
Geschäftsführer / Verlagsleitung: Harald Hof
Druck: Books on Demand GmbH, In de Tarpen 42, 22848 Norderstedt

Imprint
Publisher: BABADADA GmbH, Nedderfeld 112 , 22529 Hamburg, Germany
Managing Director / Publishing direction: Harald Hof
Print: Books on Demand GmbH, In de Tarpen 42, 22848 Norderstedt

lekol
學校

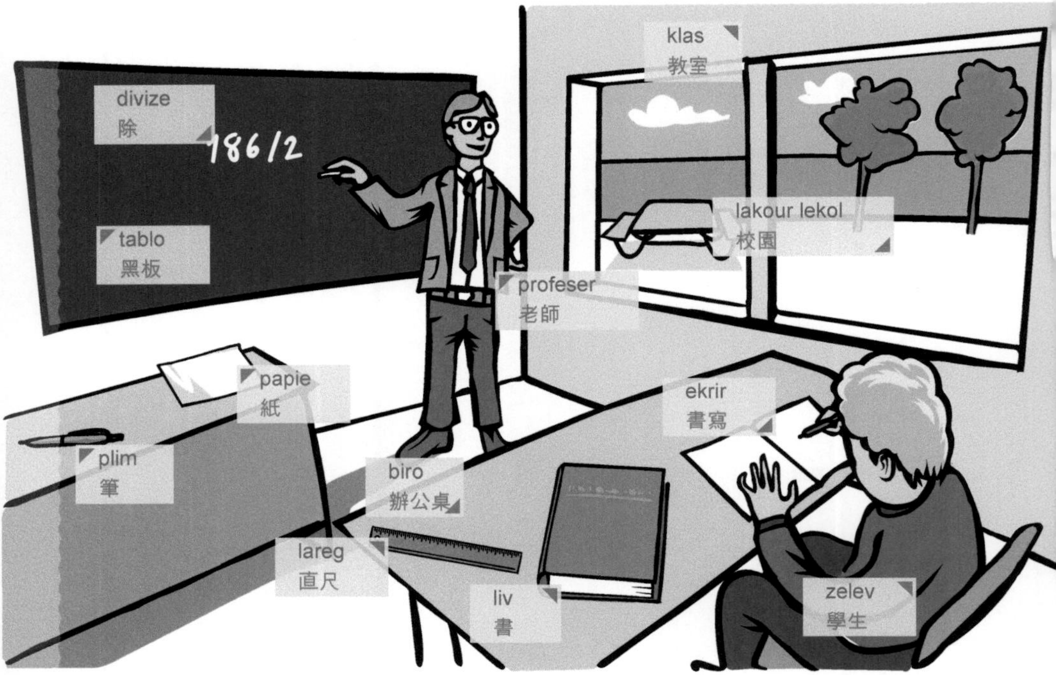
klas
教室
divize
除
186/2
tablo
黑板
lakour lekol
校園
profeser
老師
papie
紙
ekrir
書寫
plim
筆
biro
辦公桌
lareg
直尺
liv
書
zelev
學生

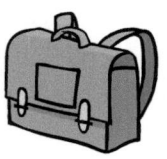

sak lekol
書包

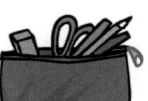

plimie
鉛筆盒

kreyon
鉛筆

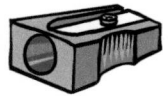

egizwar
削鉛筆機

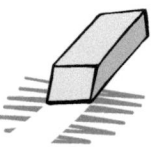

gom
橡皮擦

kaye desin
畫板

desin

圖畫

pinso

畫筆

bwat lapintir

顏料盒

sizo

剪刀

lakol

膠水

kaye devwar

練習冊

devwar

家庭作業

nimero

數字

azoute

加

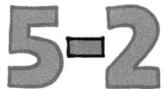

retire

減

miltipliye

乘

kalkile

計算

let

字母

alfabet

字母表

mo

字

text

課文

lir

讀

lakre

粉筆

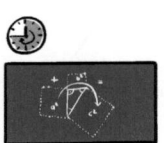

leson

上課

rezis

登記

lexame

考試

sertifika

證書

iniform lekol

校服

ledikasion

教育

lansiklopedi

百科全書

liniversite

大學

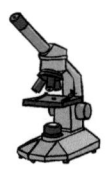

mikroskop

顯微鏡

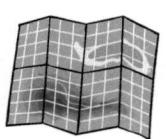

map

地圖

poubel

廢紙簍

lekol - 學校

vwayaz
旅行

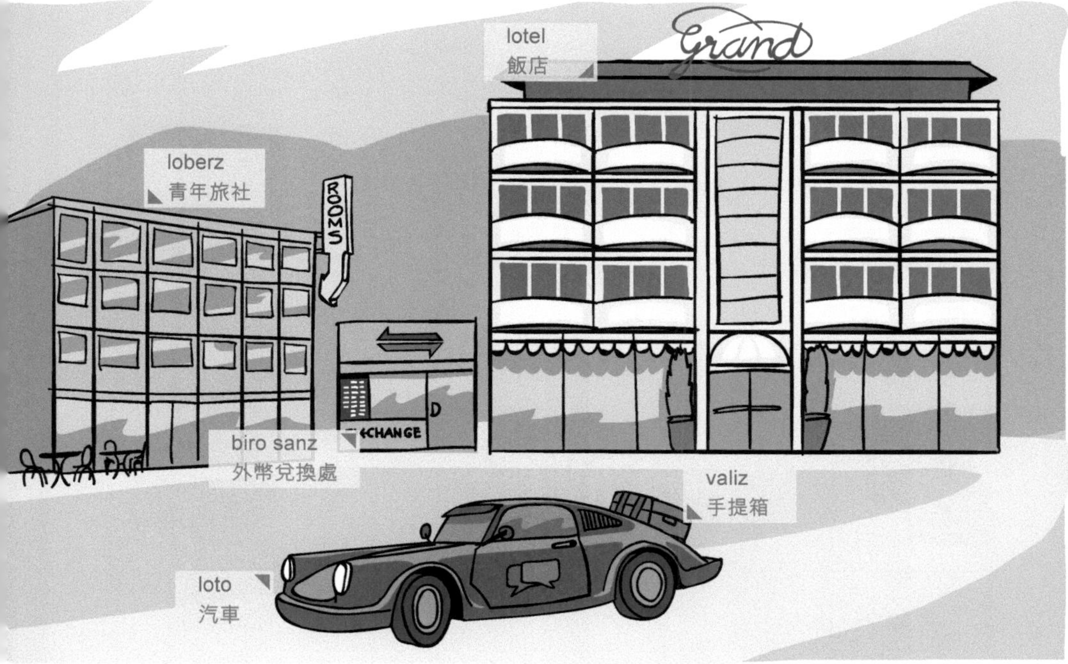
lotel
飯店
Grand
loberz
青年旅社
ROOMS
biro sanz
外幣兌換處
valiz
手提箱
loto
汽車

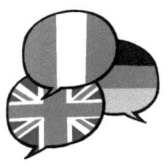

langaz

語言

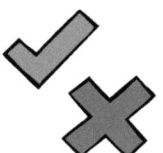

wi / non

是/否

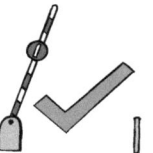

okay

好的

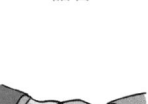

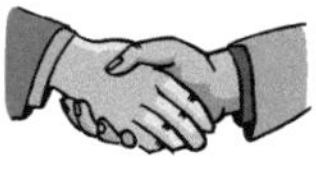

Alo

您好

tradikter

翻譯人員

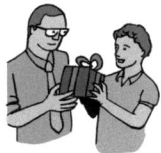

Mersi

謝謝

komie sa..?

......多少錢？

Mo pa pe konpran

我不明白

problem

問題

Bonswar!

晚上好！

Bonzour!

早上好！

Bonn nwi!

晚安！

o-revwar

再見

direksion

方向

bagaz

行李

sak

包

sak-a-do

背包

ot

客人

pies

房間

sak kousaz

睡袋

latant

帳篷

lofis tourism

旅行資訊

laplaz

海灘

kart kredi

信用卡

ti-dezene

早餐

dezene

午餐

dine

晚餐

biye

票

lasanser

電梯

tem

郵票

frontier

邊界

ladwann

海關

lanbasad

大使館

viza

簽證

paspor

護照

transpor
交通運送

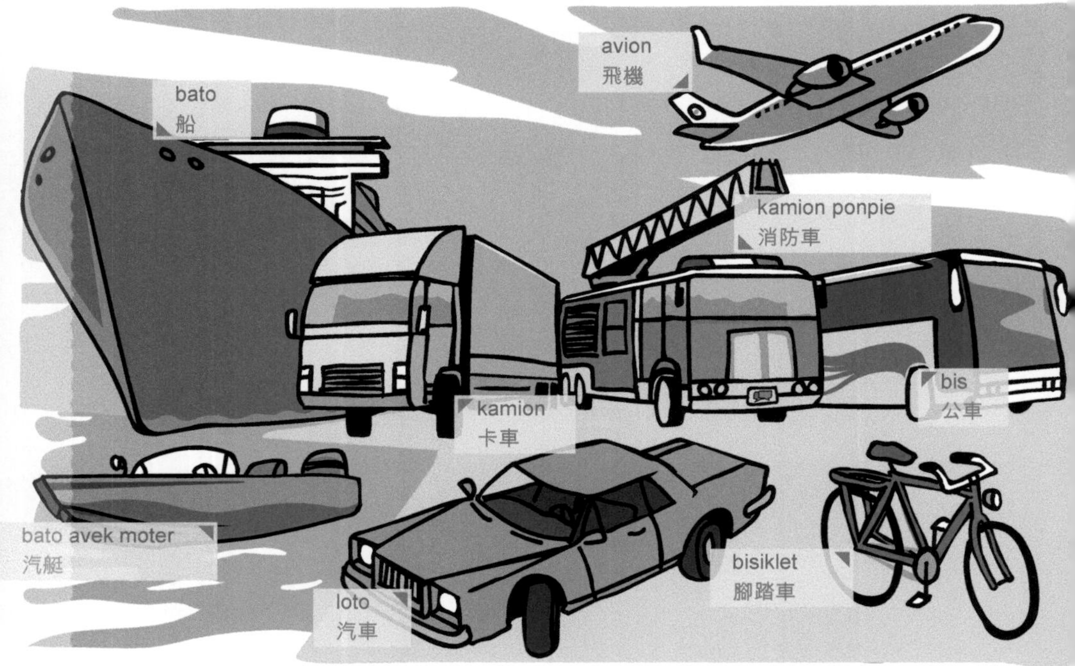

avion
飛機
bato
船
kamion ponpie
消防車
bis
公車
kamion
卡車
bato avek moter
汽艇
bisiklet
腳踏車
loto
汽車

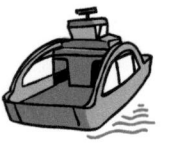

feri

渡輪

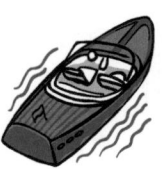

bato

小船

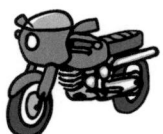

motosiklet

機車

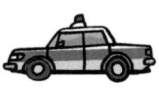

loto lapolis

警車

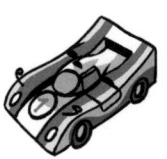

loto lekours

賽車

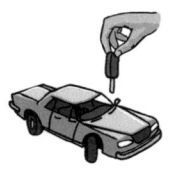

loto lokasion

租車

ko-vwatiraz

拼車

kamion towing

拖車

kamion salte

垃圾車

moter

馬達

lesans

汽油

filing

加油站

pano indikasion

交通標識

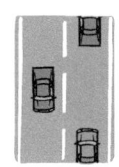

trafik

交通

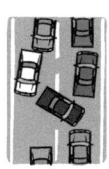

anbouteyaz

交通堵塞

parking

停車場

stasion trin

火車站

ray

軌道

trin

火車

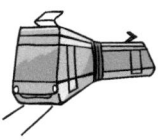

tram

路面電車

vagon

客車廂

elikopter

直升機

aeropor

機場

towing

塔

pasaze

乘客

kontener

集裝箱

karton

紙板箱

sario

手推車

panie

籃子

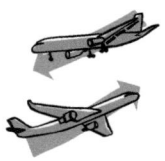

dekole / aterir

起飛/降落

lavil

城市

vilaz

村莊

sant-vil

市中心

lakaz

房子

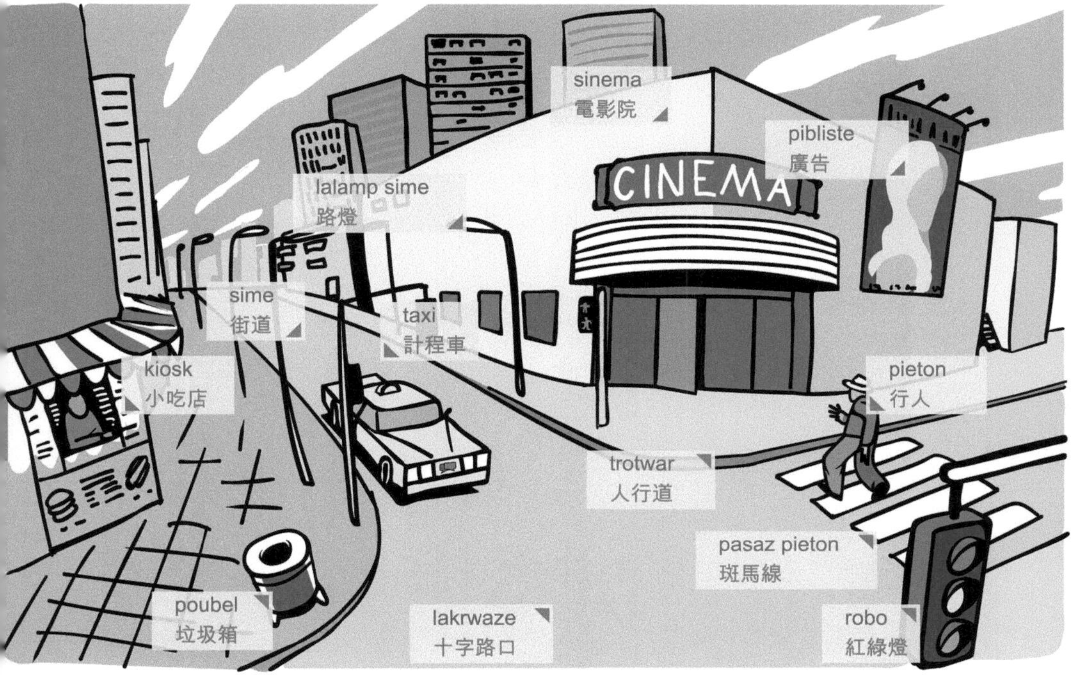
sinema
電影院
pibliste
廣告
CINEMA
lalamp sime
路燈
sime
街道
taxi
計程車
kiosk
小吃店
pieton
行人
trotwar
人行道
pasaz pieton
斑馬線
poubel
垃圾箱
lakrwaze
十字路口
robo
紅綠燈

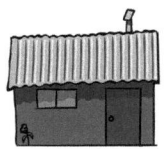

kabann

小屋

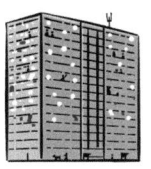

flat

公寓

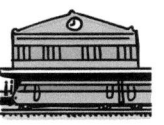

stasion trin

火車站

minisipalite

市政廳

MUSEUM

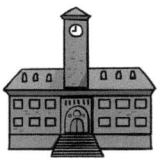

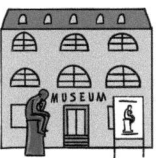

mize

博物館

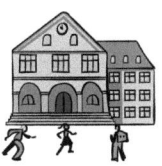

lekol

學校

liniversite

大學

labank

銀行

lopital

醫院

lotel

飯店

farmasi

藥房

biro

辦公室

libreri

書店

magazin

商店

fleris

花店

sipermarse

超市

bazar

市場

gran magazin

百貨商店

pwasonnri

魚店

sant komersial

購物中心

lepor

海港

park

公園

labank

長凳

pon

橋

leskalie

樓梯

metro

捷運

tinel

隧道

bistop

公車站

bar

酒吧

restoran

餐館

bwat-a-let

郵筒

pano

路標

parkmet

停車計時器

zoo

動物園

pisinn

游泳池

moske

清真寺

laferm
農場

polision
污染

simitier
墓地

legliz
教堂

lespas pou zwe
操場

tanp
寺廟

peizaz
地形

fey
樹葉

pano indikasion
指示牌

sime
路

preri
草地

ros
石頭

pie
樹

randonner
徒步旅行者

larivier
河

lerb
草

fler
花

lavale

峽谷

kolinn

丘陵

lak

湖

bwa

森林

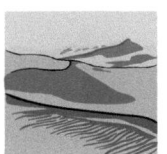

dezer

沙漠

volkan

火山

sato

城堡

larkansiel

彩虹

sanpinion

蘑菇

palmie

棕櫚樹

moutik

蚊子

mous

蒼蠅

fourmi

螞蟻

abey

蜜蜂

zarenie

蜘蛛

koksinel

甲蟲

grenouy

青蛙

ekirey

松鼠

erison

刺蝟

lapin

野兔

ibou

貓頭鷹

zwazo

鳥

sign

天鵝

sangliye

野豬

serf

鹿

elan

麋鹿

dam

水壩

eolienn

風力發電機

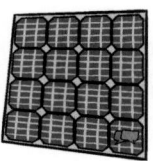

pano soler

太陽能電池板

klima

氣候

restoran
餐館

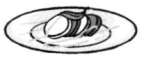

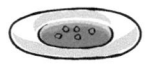

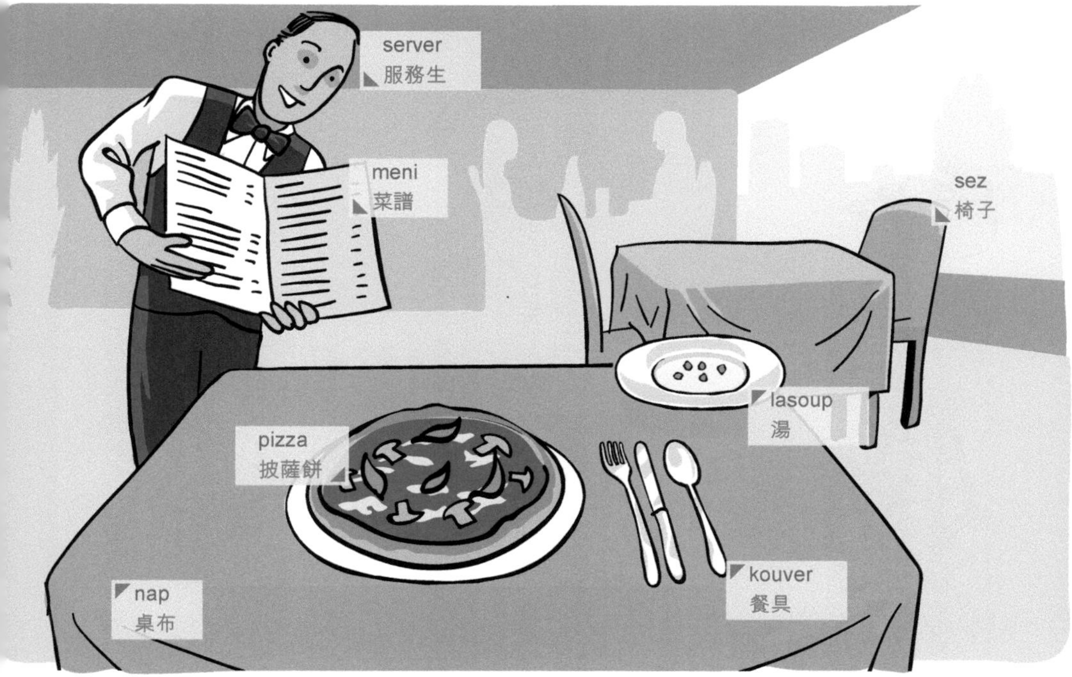

server
服務生
meni
菜譜
sez
椅子
lasoup
湯
pizza
披薩餅
kouver
餐具
nap
桌布

lantre
前菜

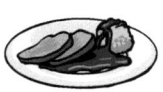

pla prinsipal
主菜

deser
甜點

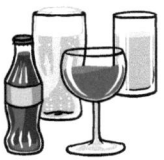

labwason
飲料

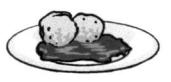

manze
食物

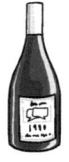

boutey
瓶子

fast food

速食

take-away

街邊小吃

teyer

茶壺

po disik

糖盒

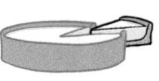

porsion

一份飯菜

masinn expresso

義式咖啡機

sez-ot

高腳椅

bill

帳單

plato

托盤

kouto

刀

fourset

餐叉

kwiyer

勺子

ti-kwiyer

茶匙

serviet

餐巾

ver

玻璃杯

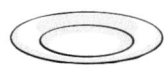

lasiet

碟子

lasiet

湯盤

soukoup

碟子

lasos

醬

po disel

鹽瓶

moulin dipwav

胡椒研磨罐

vineg

醋

delwil

食用油

zepis

調味料

ketchup

番茄醬

lamoutard

芥末

mayonez

美乃滋

sipermarse
超市

promosion
特價
FOR
klian
顧客
prodwi a baz dile
乳製品
frwi
水果
trole
購物車

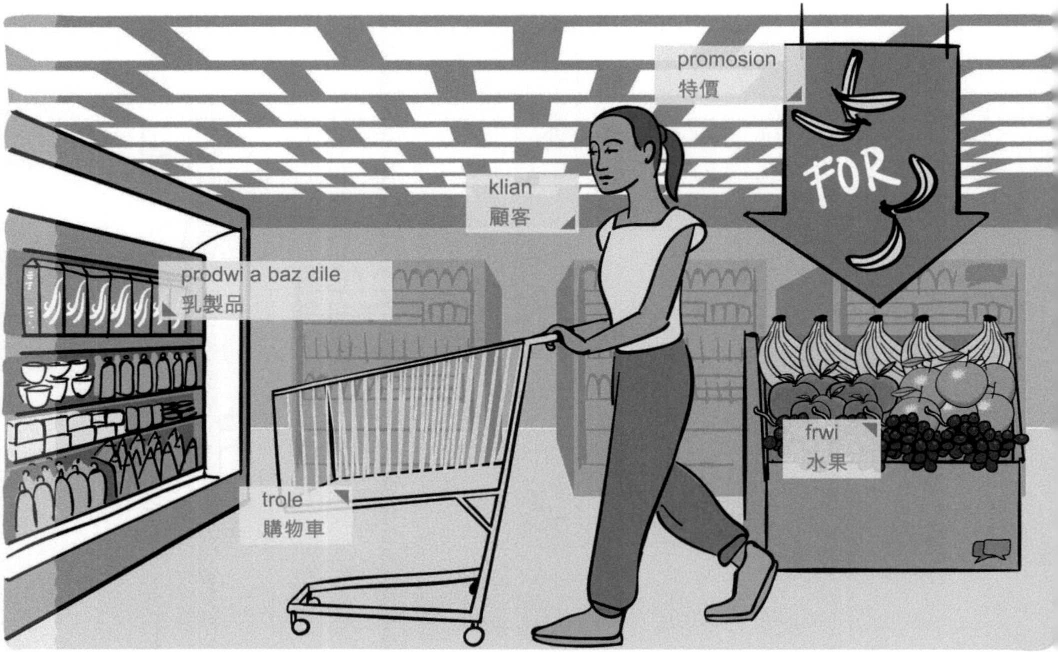

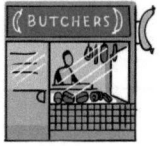

BUTCHERS

bousri
肉鋪

BAKERY

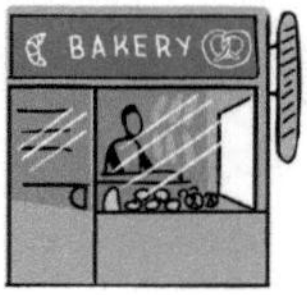

boulanzri
麵包店

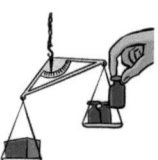

peze
稱重

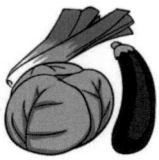

legim
蔬菜

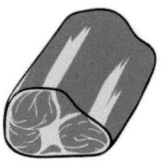

laviann
肉

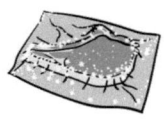

aliman konzele
冷凍食品

sarkitri

冷盤

bwat konserv

罐頭食品

lapoud masinn

洗衣粉

bonbon

甜食

komision

日用品

deterzan

清潔用品

vandez

銷售員

lakes

收銀機

kesie

收銀員

lalis komision

購物清單

ouvertir

開放時間

portfey

錢包

kart kredi

信用卡

sak

袋子

sak plastik

塑膠袋

delo

水

zi

果汁

dile

牛奶

coca

可樂

divin

紅酒

labier

啤酒

lalkol

酒

sokola so

可可

dite

茶

kafe

咖啡

expresso

義式濃縮咖啡

cappuccino

卡布奇諾

banann

香蕉

pom

蘋果

zoranz

柳丁

melon

西瓜

sitron

檸檬

karot

胡蘿蔔

lay

大蒜

banbou

竹子

zwayon

洋蔥

sanpiyon

蘑菇

nwazet

堅果

minn

麵條

spageti

義大利麵

diri

米飯

salad

沙拉

chips

薯條

pomdeter frir

炸馬鈴薯

pizza

披薩餅

burger

漢堡

sandwich

三明治

eskalop

炸豬排

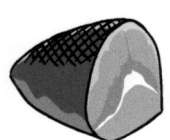

zanbon

火腿

salami

義大利臘腸

sosis

香腸

poul

雞肉

roti

烤肉

pwason

魚

oatmeal

燕麥片

muesli

木斯里

kornbif

玉米片

lafarinn

麵粉

krwasan

牛角麵包

ti-dipin

麵包捲

dipin

麵包

dipin griye

吐司

biskwi

餅乾

diber

奶油

fromaz blan

凝乳

gato

蛋糕

dizef

蛋

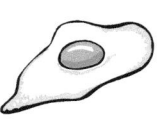

dizef frir

煎蛋

fromaz

起司

sorbe

冰淇淋

disik

糖

dimiel

蜂蜜

konfitir

果醬

nouga

巧克力醬

kari

咖哩

laferm
農舍

lapay
稻草捆

lagranz
糧倉

karo
田野

seval
馬

remork
拖車

trakter
拖拉機

poulin
馬駒

bourik
驢

mouton
羊

agno
羔羊

kabri
山羊

vas
奶牛

vo
小牛

koson
豬

ti-koson
小豬

toro
公牛

lezwa

鵝

kanar

鴨

pousin

小雞

poul

母雞

kok

公雞

lera

鼠

sat

貓

souri

老鼠

bef

牛

lisien

狗

lakaz lisien

狗屋

tiyo

花園澆水軟管

arozwar

澆水壺

laserp

長柄大鐮刀

saret

犁

fosi

鐮刀

pios

鋤頭

fours

長柄草耙

lars

斧頭

bouret

獨輪手推車

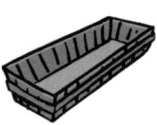

kiv

飼料槽

bwat dile

牛奶罐

sak

麻布袋

fencing

柵欄

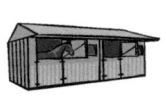

letab

馬廄

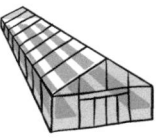

laser

溫室

later

土壤

lagrin

種子

langre

肥料

masinn pou fer rekolt

聯合收割機

rekolte
収割

rekolt
収割

ignam
地瓜

dible
小麥

soya
大豆

pomdeter
土豆

may
玉米

colza
油菜籽

zarb frwitie
果樹

maniok
樹薯

sereal
穀物

lakaz
房子

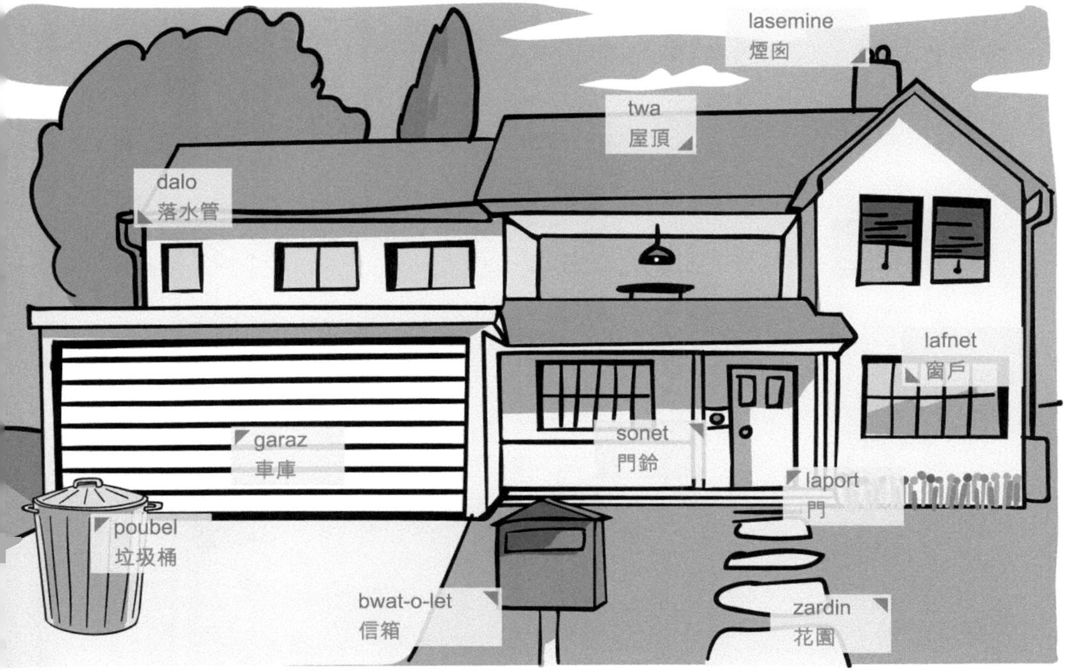

lasemine
煙囱
twa
屋頂
dalo
落水管
lafnet
窗戶
garaz
車庫
sonet
門鈴
laport
門
poubel
垃圾桶
bwat-o-let
信箱
zardin
花園

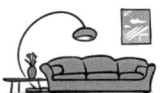

salon

客廳

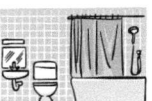

saldebin

浴室

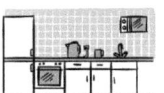

lakwizinn

廚房

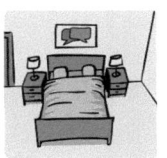

lasam

臥室

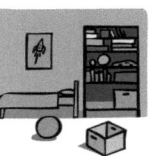

lasam zanfan

兒童房

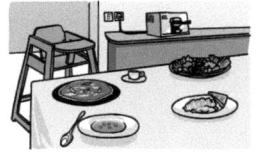

salamanze

餐廳

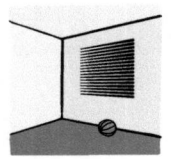

sali

地板

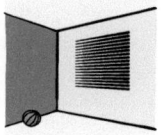

miray

牆壁

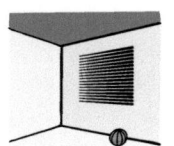

plafon

天花板

lakav

地窖

sona

三溫暖

balkon

陽臺

teras

露臺

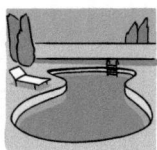

pisinn

游泳池

masinn koup gazon

割草機

dra

被單

kwet

床罩

lili

床

balie

掃帚

seo

水桶

take lalimier

開關

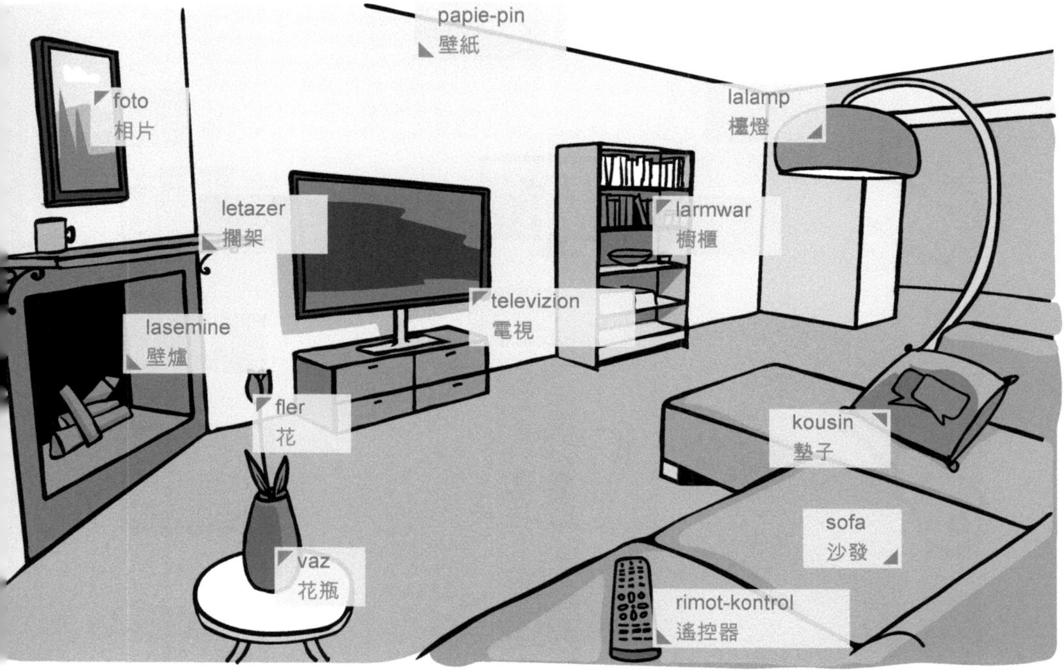

papie-pin
壁紙

foto
相片

lalamp
檯燈

letazer
擱架

larmwar
櫥櫃

televizion
電視

lasemine
壁爐

fler
花

kousin
墊子

sofa
沙發

vaz
花瓶

rimot-kontrol
遙控器

tapi
地毯

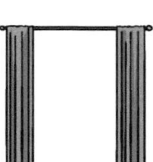

rido
窗簾

latab
餐桌

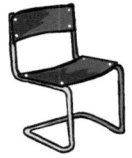

sez
椅子

rocking chair
搖椅

fotey
扶手椅

liv

書

kouvertir

毯子

dekorasion

裝飾品

dibwa foye

木柴

fim

電影

hi-fi

高傳真音響

lakle

鑰匙

zournal

報紙

lapintir

油畫

poster

海報

radio

收音機

bloknot

筆記本

laspirater

吸塵器

kaktis

仙人掌

labouzi

蠟燭

lakwizinn
廚房

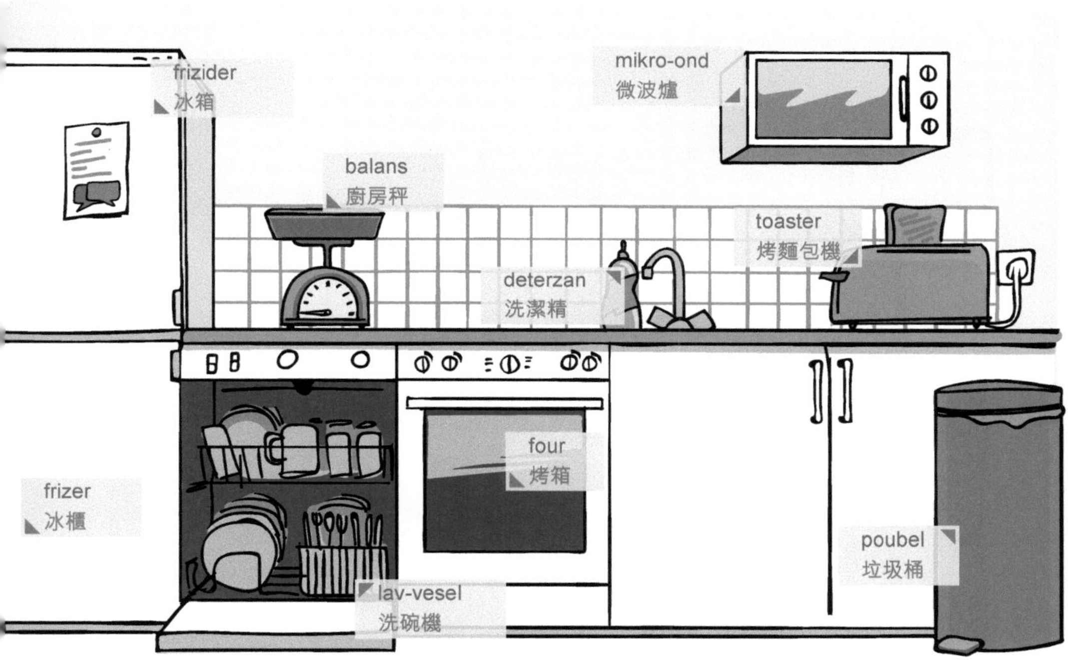
frizider
冰箱
mikro-ond
微波爐
balans
廚房秤
toaster
烤麵包機
deterzan
洗潔精
four
烤箱
frizer
冰櫃
poubel
垃圾桶
lav-vesel
洗碗機

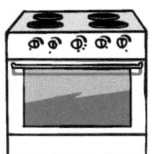

four
炊具

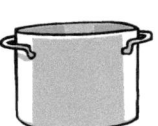

kasrol
鍋

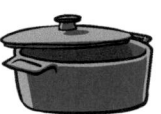

marmit
鑄鐵鍋

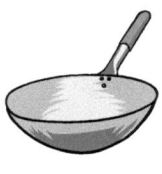

wok
炒鍋

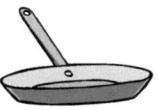

pwal
平底鍋

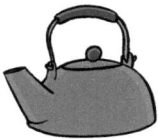

boulwar
水壺

steamer
蒸鍋

plak kwison
烤盤

vesel
陶瓷鍋

goble
馬克杯

bol
碗

baget sinwa
筷子

lous
長柄勺

spatil
鏟子

fwet
攪拌器

paswar
濾網

tami
篩子

larap
磨碎機

mortie
研缽

griyad
燒烤

lasemine
明火

biyo

菜板

roulo

擀麵杖

tirbouson

開瓶器

bwat konserv

罐子

ouvbwat

開罐器

legan proteksion

隔熱手套

lavabo

水槽

bros

刷子

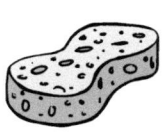

leponz

海綿

blender

攪拌機

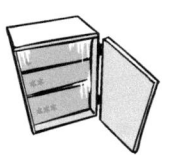

konzelater

冷藏箱

bibron

奶瓶

robine

水龍頭

saldebin
浴室

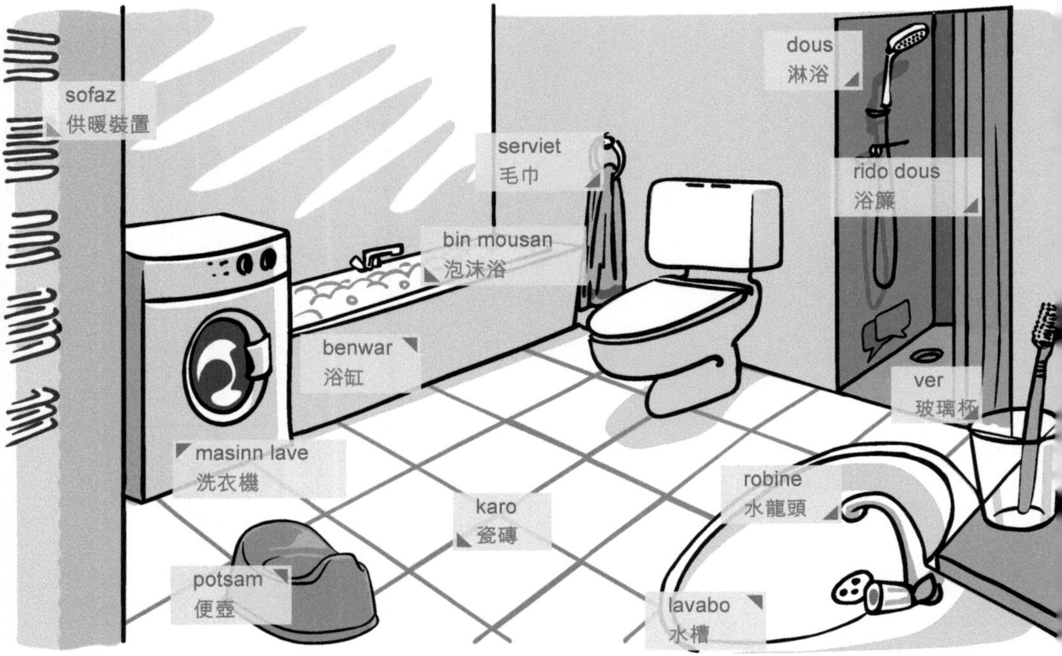

sofaz
供暖裝置
serviet
毛巾
dous
淋浴
rido dous
浴簾
bin mousan
泡沫浴
benwar
浴缸
ver
玻璃杯
masinn lave
洗衣機
robine
水龍頭
karo
瓷磚
potsam
便壺
lavabo
水槽

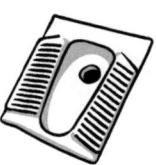

twalet

廁所

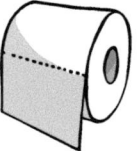

twalet

蹲便器

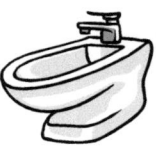

bide

坐浴器

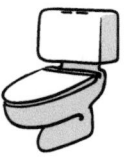

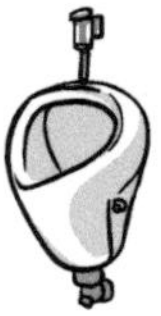

piswar

小便斗

papie twalet

廁紙

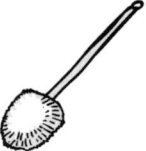

bros twalet

馬桶刷

bros ledan

牙刷

dantifris

牙膏

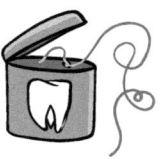

fil danter

牙線

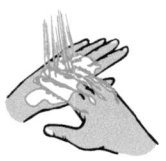

lave

洗

ti-bin

手持式蓮蓬頭

dous

沖洗器

basin

洗臉盆

bros ledo

洗背刷

savon

肥皂

zel dous

沐浴露

sanpwin

洗髮乳

gandebin

法蘭絨

drin

排水

lakrem

乳霜

deodoran

除臭劑

mirwar
....
鏡子

mirwar
....
手鏡

razwar
....
刮鬍刀

lamous pou raze
....
刮鬍泡沫

apre-razaz
....
鬍後水

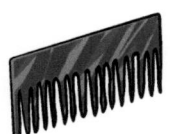

pengn
....
梳子

bros
....
刷子

seswar
....
吹風機

lak
....
噴髮定型劑

makiyaz
....
化妝品

dirouz
....
唇膏

verni
....
指甲油

cotton wool
....
化妝棉

tay-zong
....
指甲剪

parfin
....
香水

trous twalet

洗漱包

stoul

凳子

balans

計重秤

penwar

浴袍

legan netwayaz

橡膠手套

tanpon

衛生棉條

serviet izienik

衛生棉

twalet simik

化學廁所

lasam zanfan

兒童房

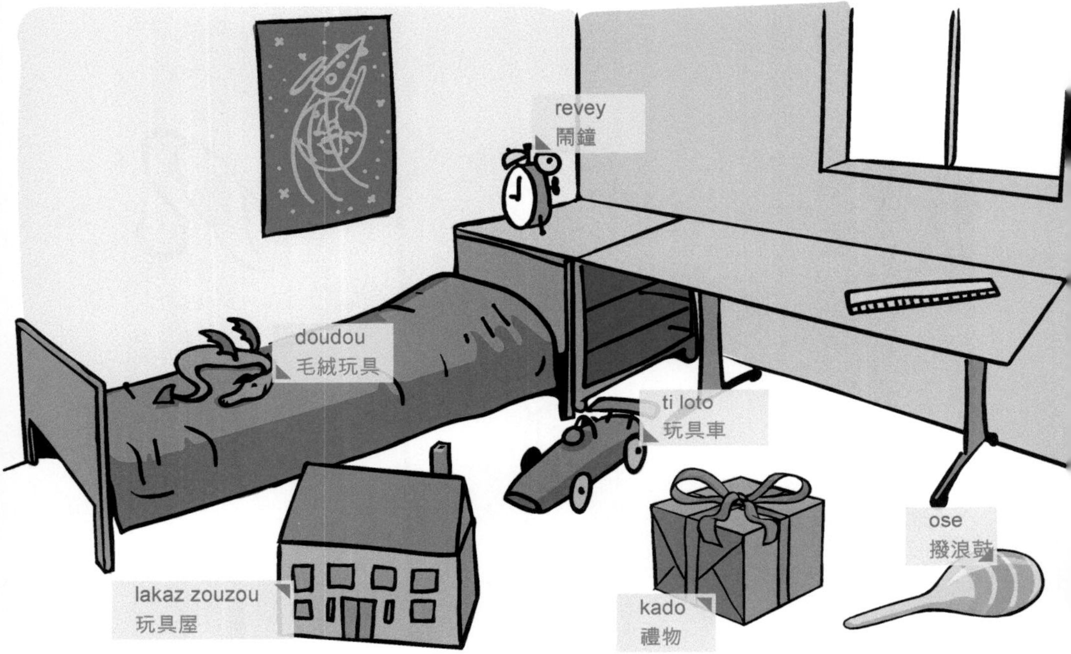

revey
鬧鐘
doudou
毛絨玩具
ti loto
玩具車
ose
撥浪鼓
lakaz zouzou
玩具屋
kado
禮物

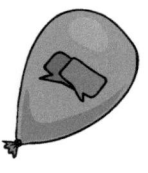

balon

氣球

lili

床

pouset

嬰兒車

kart

撲克牌

puzzle

拼圖

SUPER
MEGA

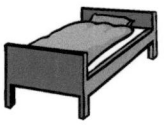

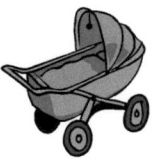

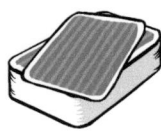

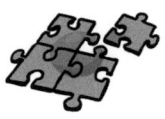

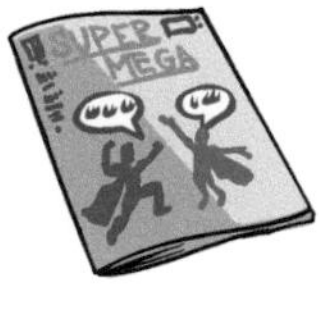

tikomik

漫畫

lego

樂高積木

lego

積木玩具

figirinn

公仔

grenouyer

嬰兒服

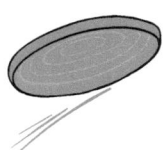

frisbee

飛盤

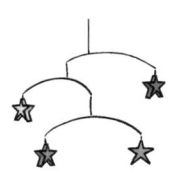

mobil

床鈴玩具

zwe

棋盤遊戲

lede

骰子

trin zouzou

火車模型

siset

安撫奶嘴

fet

派對

liv ek zimaz

繪本

boul

球

poupet

洋娃娃

zwe

玩

bak-a-sab

沙坑

balanswar

鞦韆

zouzou

玩具

game

電玩遊戲

trisik

三輪車

nounours

泰迪熊

larmwar

衣櫃

linz

衣服

soset

襪子

leba

長襪

kolan

緊身褲

esarp
圍巾

parapli
雨傘

sintir
皮帶

t-shirt
T恤

tenis
運動鞋

bot
靴子

pantouf
拖鞋

sandalet
涼鞋

soulie
鞋

bot an karotsou
雨靴

souvetman
內褲

soutiengorz
胸罩

vest
背心

body

身體

pantalon

褲子

jeans

牛仔褲

zip

短裙

blouz

女式襯衫

simiz

襯衫

pull-over

套頭衫

blouzon ek kapison

連帽上衣

vest

西裝夾克

jaket

夾克

manto

外套

pardesi

雨衣

kostim

套裝

rob

連衣裙

rob lamarye

婚紗

kostim

西裝

robdesam

睡袍

pizama

睡衣

sari

莎麗

foular

頭巾

tirban

包頭巾

bourka

波卡

kaftan

卡夫坦

abaya

(阿拉伯式)長袍

mayo de bin

泳衣

mayo de bin

男式泳褲

sorti de sekour

短褲

linz spor

運動服

tabliye

圍裙

legan

手套

bouton

鈕扣

linet

眼鏡

brasle

手鏈

kolie

項鍊

bag

戒指

zanon

耳環

bone

便帽

sint

衣架

sapo

帽子

kravat

領帶

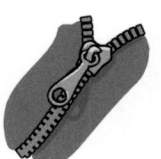

fermetirekler

拉鍊

elmet

安全帽

bretel

背帶

iniform lekol

校服

iniform

制服

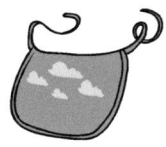

bavwar

圍兜

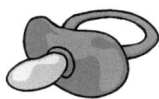

siset

安撫奶嘴

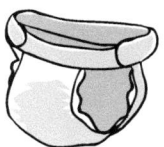

lanz

尿布

biro

辦公室

server
伺服器
larmwar arsiv
檔案櫃
printer
印表機
papie
紙
lekran
螢幕
mouse
滑鼠
biro
辦公桌
klaser
資料夾
klavie
鍵盤
poubel
廢紙簍
ordinater
電腦
sez
椅子

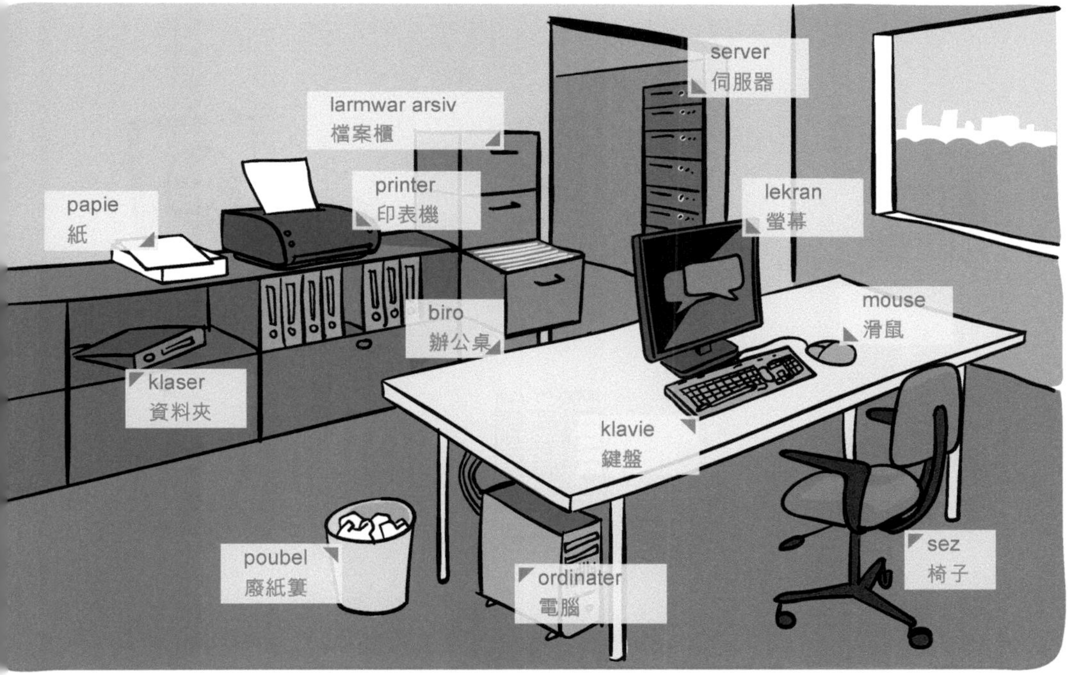

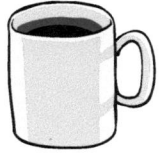

mug

咖啡杯

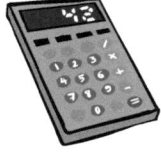

kalkilatris

計算機

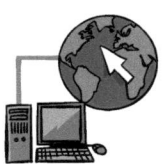

internet

網際網路

laptop

筆記型電腦

let

信件

mesaz

簡訊

portab

行動電話

rezo

網路

fotokopi

影印機

lozisiel

軟體

telefonn

電話

priz

插座

fax

傳真機

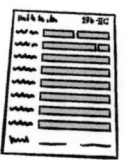

form

表格

dokiman

檔案

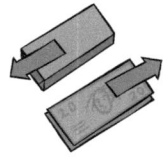

aste

買

peye

付錢

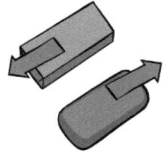

fer biznes

交易

larzan

現金

dolar

美元

euro

歐元

yen

日元

 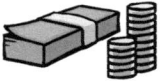

rouble

盧布

fran swis

瑞士法郎

renminbi yuan

人民幣

roupi

盧比

distribiter biye

提款處

biro sanz

外幣兌換處

lor

金

larzan

銀

petrol

石油

lenerzi

能源

pri

價格

kontra

合約

tax

稅金

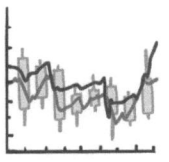

aksion

股票

travay

工作

anplwaye

職員

anplwayer

老闆

lizinn

工廠

magazin

商店

polisie
警官

ponpie
消防員

kwizinie
廚師

dokter
醫師

pilot
飛行員

zardinie

園丁

sarpantie

木匠

koutirier

裁縫

ziz

法官

simis

化學家

akter

演員

sofer bis

公車司機

sofer taxi

計程車司機

peser

漁夫

bonn

清洗女工

zouvriye twa lakaz

屋頂工

server

服務生

saser

獵人

pint

畫家

boulanze

麵包師

elektrisien

電工

zouvriye

建築工人

inzenier

工程師

bouse

屠夫

plonbie

水管工

fakter

郵差

solda

士兵

arsitek

建築師

kesie

收銀員

fleris

花農

kwafez

理髮師

chek

售票員

mekanisien

機械技師

kapitenn

船長

dantis

牙醫

siantis

科學家

rabi

拉比

imam

伊瑪目

mwann

和尚

pret

牧師

zouti

工具

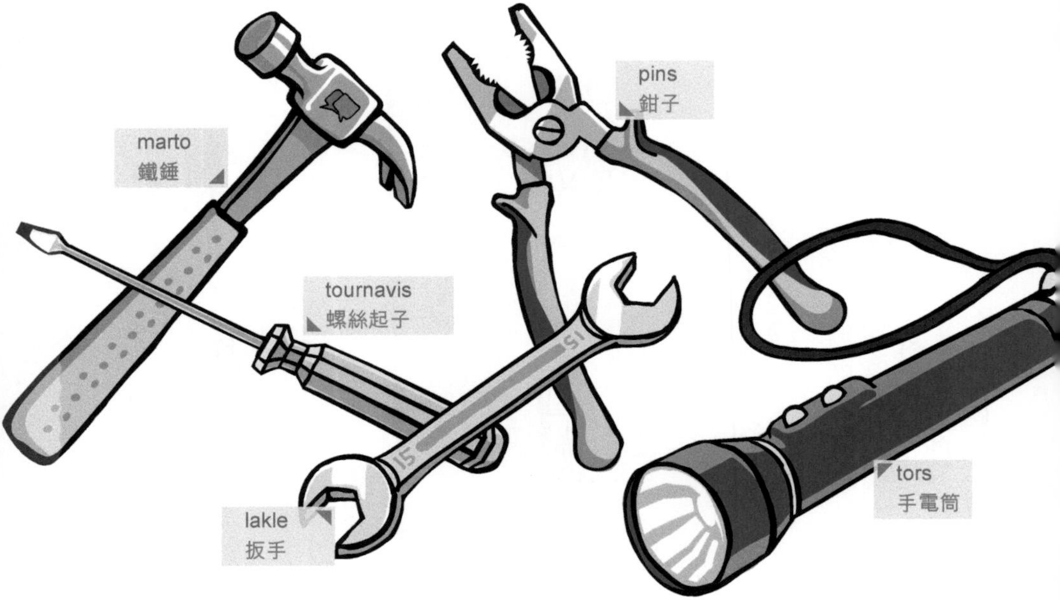
marto
鐵錘
pins
鉗子
tournavis
螺絲起子
lakle
扳手
tors
手電筒

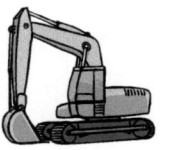

peltez

挖掘機

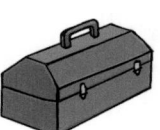

bwat zouti

工具箱

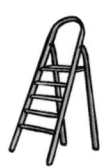

lesel

梯子

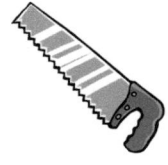

lasi

鋸子

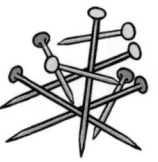

koulou

釘子

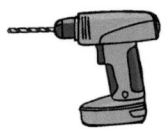

persez

鑽機

aranze

修

lapel

鏟子

Ayo!

糟糕！

lapel

畚箕

po lapintir

油漆桶

vis

螺絲

instriman lamizik

樂器

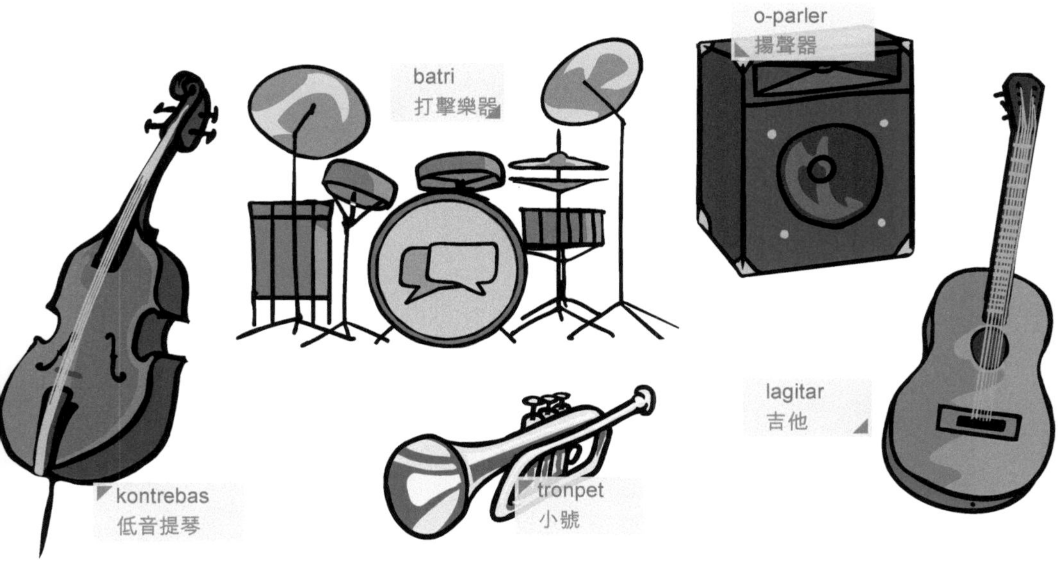

o-parler
揚聲器

batri
打擊樂器

lagitar
吉他

kontrebas
低音提琴

tronpet
小號

piano

鋼琴

violon

小提琴

bas

貝斯

tinbal

定音鼓

tanbour

鼓

klavie

電子琴

saxofonn

薩克斯風

laflit

長笛

mikro

麥克風

lantre
入口

tig
老虎

kaz
籠子

zeb
斑馬

manze pou zanimo
動物飼料

panda
熊貓

zanimo

動物

lelefan

大象

kangourou

袋鼠

rinoceros

犀牛

gori

大猩猩

lours

熊

samo

駱駝

lotris

鴕鳥

lion

獅子

zako

猴子

flaman roz

紅鶴

peroke

鸚鵡

lours poler

北極熊

pingwi

企鵝

rekin

鯊魚

pan

孔雀

serpan

蛇

krokodil

鱷魚

gardien zoo

動物園管理員

fok

海豹

zagwar

美洲豹

poney

矮種馬

leopar

豹

ipopotam

河馬

ziraf

長頸鹿

leg

老鷹

sangliye

野豬

pwason

魚

torti

龜

mors

海象

renar

狐狸

gazel

羚羊

foutborl ameriken
橄欖球

siklism
騎腳踏車

tenis
網球

basketball
籃球

natasion
游泳

labox
拳擊

oke lor gazon
冰球

foutborl
美式足球

badminton
羽毛球

atletism
田徑

handball
手球

ski
滑雪

polo
馬球

riye
笑

sote
跳

maye
擁抱

marse
走路

sante
唱

reve
做夢

priye
祈禱

anbrase
親吻

ekrir
書寫

desine
畫

montre
展示

pouse
推

done
給

pran
拿

ena

有

fer

做

ete

當

diboute

站

galoupe

跑

rise

拉

zete

丟

tonbe

摔倒

alonze

躺

atann

等待

amene

攜帶

asize

坐

abiye

穿衣

dormi

睡覺

leve

醒來

gete

看

plore

哭

karese

擊

pengne

梳頭

koze

交談

konpran

明白

dimande

問

ekoute

聽

bwar

喝

manze

吃

netwaye

清理

kontan

愛

kwi

做飯

kondir

開車

anvole

飛

fer lavwal
航行

kalkile
計算

lir
讀

aprann
學習

travay
工作

marye
結婚

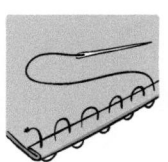
koud
縫

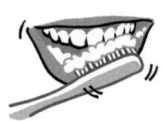
bros ledan
刷牙

touye
殺

fime
抽菸

avoye
寄

fami
家

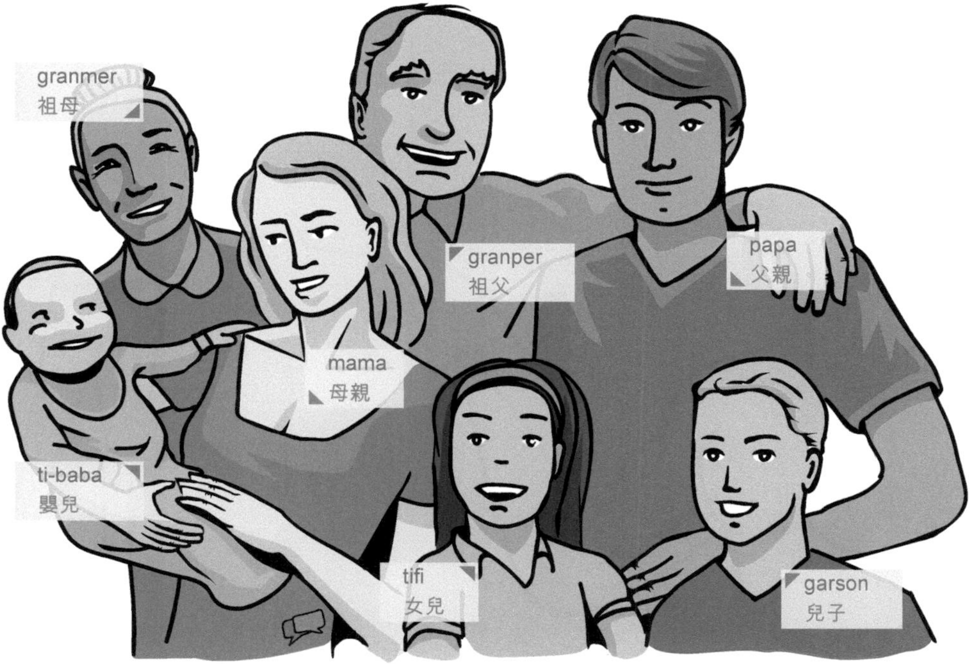

granmer
祖母
granper
祖父
papa
父親
mama
母親
ti-baba
嬰兒
tifi
女兒
garson
兒子

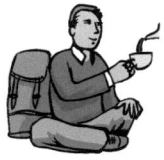

ot
客人

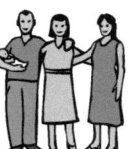

matant
阿姨

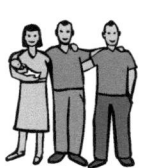

tonton
叔叔

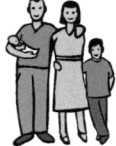

frer
兄弟

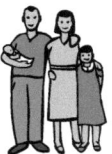

ser
姐妹

lekor

身體

fron
前額
lizie
眼睛
zepol
肩膀
ledwa
手指
figir
臉
manton
下巴
lame
手
tete
乳房
lazam
腿
lebra
手臂

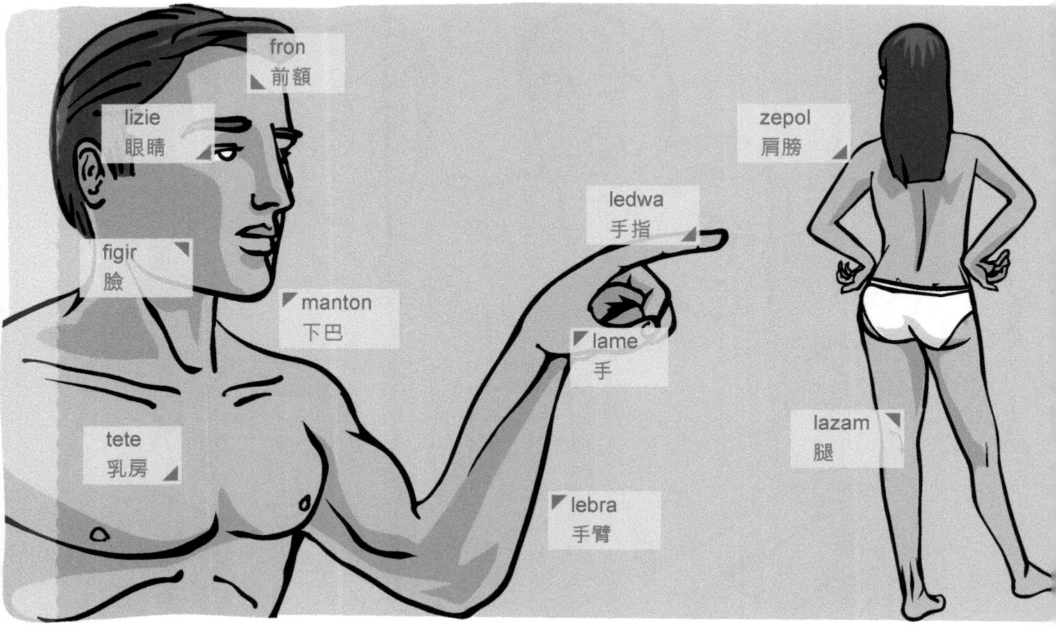

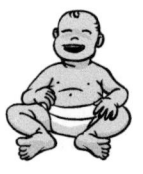

ti-baba

嬰兒

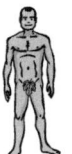

zom

男人

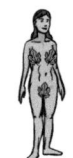

fam

女人

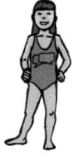

tifi

女孩

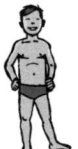

ti-garson

男孩

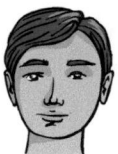

latet

頭

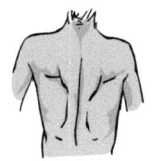

ledo

背部

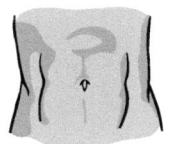

vant

肚子

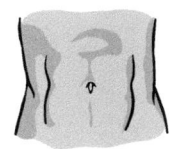

lonbri

肚臍

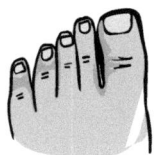

zortey

腳趾

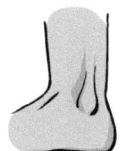

talon

腳後跟

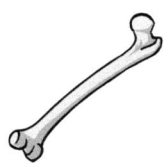

lezo

骨頭

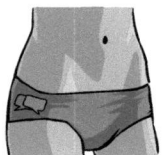

laans

臀部

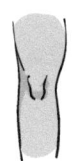

zenou

膝蓋

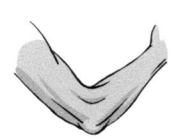

koud

手肘

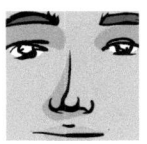

nene

鼻子

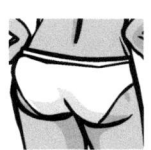

fes

屁股

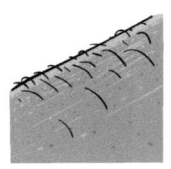

lapo

皮膚

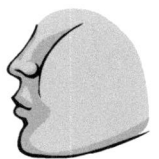

lazou

臉頰

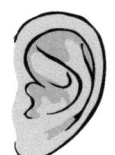

zorey

耳朵

lalev

嘴唇

labous

嘴

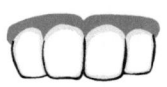

ledan

牙齒

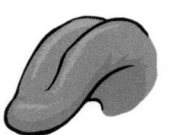

lalang

舌頭

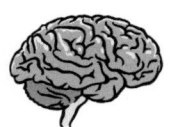

servo

腦

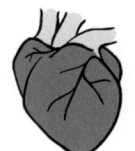

leker

心臟

mix

肌肉

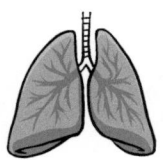

poumon

肺

lefwa

肝臟

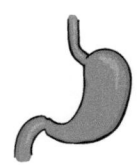

lestoma

胃

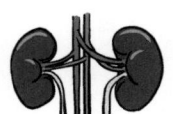

lerin

腎臟

sex

性交

kapot

保險套

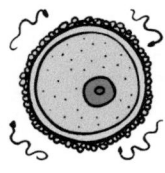

ovil

卵子

sperm

精子

groses

懷孕

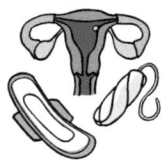

period

月事

vazin

陰道

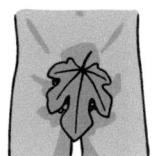

penis

陰莖

soursi

眉毛

seve

頭髮

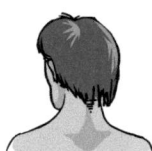

likou

脖子

lopital

醫院

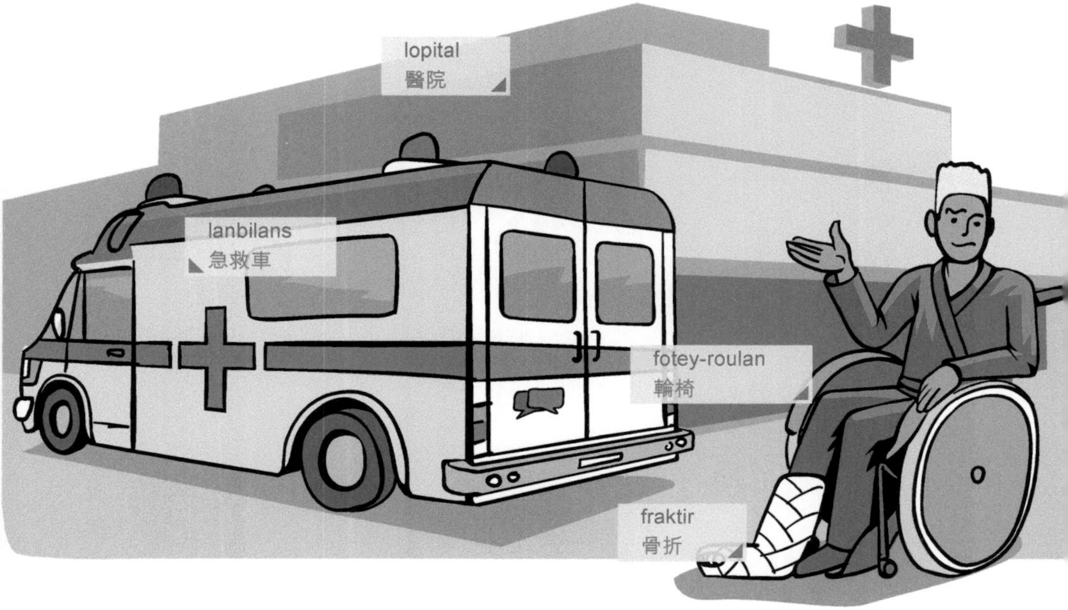

lopital
醫院
lanbilans
急救車
fotey-roulan
輪椅
fraktir
骨折

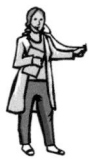

dokter

醫師

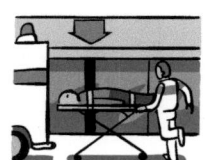

servis irzans

急診室

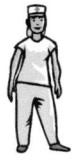

ners

護理師

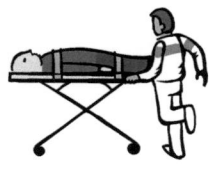

irzans

緊急情形

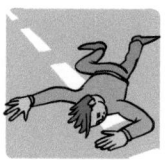

inkonsian

昏迷

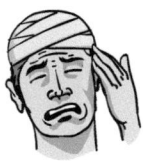

douler

痛

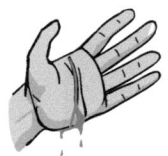

blesir

受傷

emorazi

出血

kriz kardiak

心臟病發作

atak serebral

中風

alerzik

過敏

touse

咳嗽

lafiev

發燒

lagrip

流感

diare

腹瀉

malad latet

頭痛

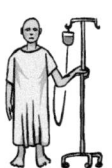

kanser

癌症

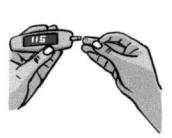

diabet

糖尿病

sirirzien

外科醫師

skalpel

手術刀

operasion

手術

CT

電腦斷層掃描

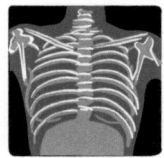

x-ray

X光

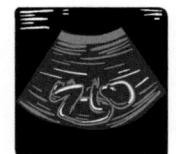

iltrason

超音波

mask

口罩

maladi

疾病

sal-datant

候診室

beki

拐杖

pansman

石膏

bandaz

繃帶

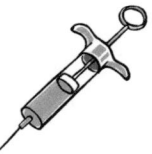

inzeksion

注射

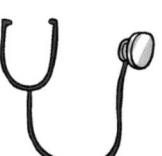

stetoskop

聽診器

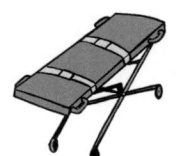

brankar

擔架

termomet

體溫計

nesans

出生

sirpwa

超重

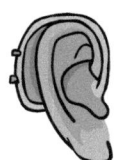

laparey oditif

助聽器

dezinfektan

消毒液

infeksion

感染

viris

病毒

HIV / SIDA

愛滋病

medsinn

藥物

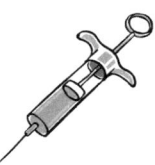

vaksinasion

接種疫苗

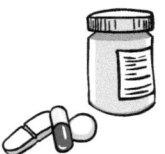

konprime

藥片

pilil kontraseptif

藥丸

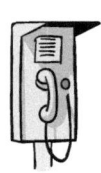

korl irzans

急救電話

laparey tansion

血壓計

malad / bien

生病/健康

o-sekour

救命！

atak

突擊

alarm

警報

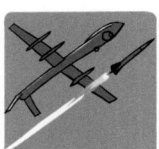

atak

攻擊

danze

危險

sorti de sekour

緊急出口

Dife!

失火了！

laponp dife

滅火器

aksidan

意外

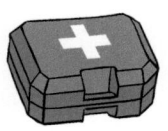

kit first aid

急救箱

SOS

呼救訊號

lapolis

員警

Ierop

歐洲

Lamerik di nor

北美洲

Lamerik di sid

南美洲

Iafrik

非洲

Iazi

亞洲

Iostrali

澳洲

Iatlantik

大西洋

pasifik

太平洋

Iosean indien

印度洋

Iosean antartik

南冰洋

Iosean artik

北冰洋

Pol Nor

北極

Pol Sid

南極

lantartik

南極洲

later

地球

later

陸地

lamer

海

zil

島

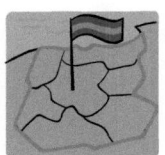

nasion

國家

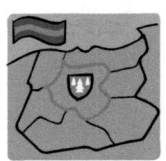

leta

州

kadran

錶盤

zegwi ler

時針

zegwi minit

分針

zegwi segonn

秒針

ki ler la ?

現在幾點？

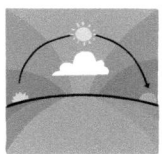

zour

天

letan

時間

aster-la

現在

mont dizital

電子錶

minit

分

ler

時

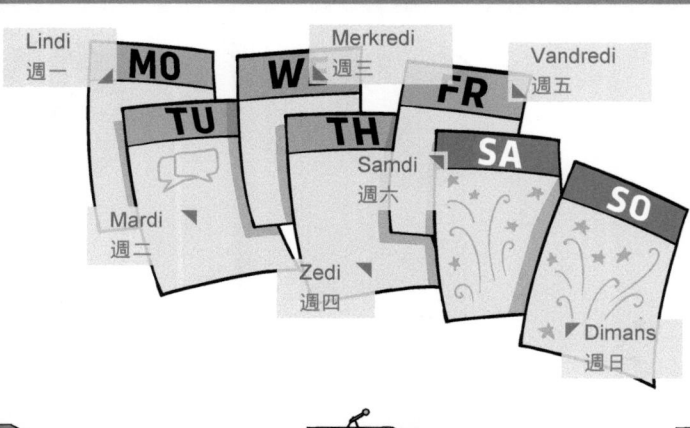

Lindi 週一
Merkredi 週三
Vandredi 週五
Mardi 週二
Samdi 週六
Zedi 週四
Dimans 週日

yer

昨天

zordi

今天

demin

明天

gramatin

早晨

midi

中午

aswar

晚上

zour travay

工作日

wikenn

週末

lane

年

lapli
雨
larkansiel
彩虹
divan[
風
lanez
雪
printan
春
lete
夏
otonn
秋
liver
冬

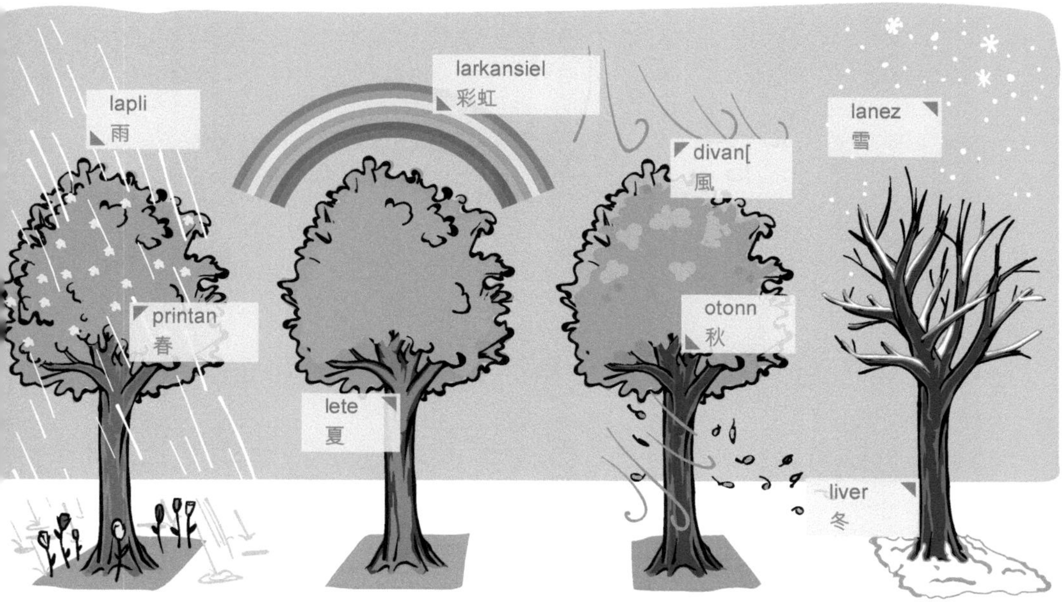

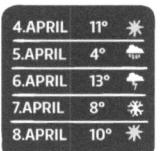

4.APRIL 11°
5.APRIL 4°
6.APRIL 13°
7.APRIL 8°
8.APRIL 10°

meteo

天氣預告

F
C
120
90
60
30
0
-30
40
30
20
10
0
-10
-20

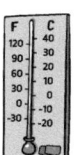

termomet

溫度計

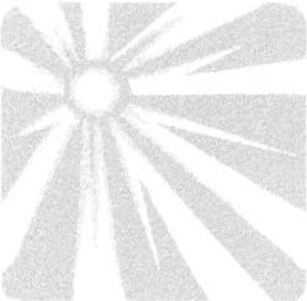

lalimier soley

陽光

niaz

雲

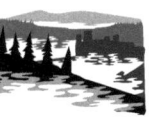

brouyar

霧

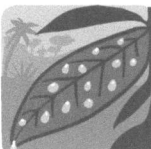

limidite

潮濕

lafoud

閃電

toner

打雷

tanpet

風暴

lagrel

冰雹

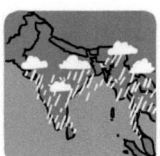

mouson

季風

inondasion

洪水

laglas

冰

Zanvie

一月

Fevriye

二月

Mars

三月

Avril

四月

Me

五月

Zien

六月

Zilie

七月

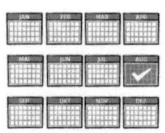

Out

八月

Septam

九月

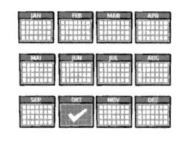

Oktob

十月

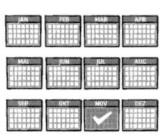

Novam

十一月

Desam

十二月

form

形狀

ron

圓形

kare

正方形

rektang

長方形

triang

三角形

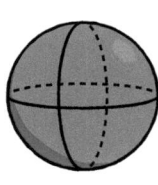

sfer

球體

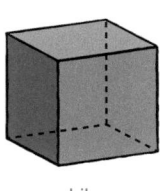

kib

立方體

blan

白

zonn

黄

oranz

橙

roz

粉

rouz

紅

mov

紫

ble

藍

ver

綠

maron

棕

gri

灰

nwar

黑

boukou / enn tigit

很多/少許

ankoler / kalm

生氣/平靜

zoli / vilin

美/醜

koumansman / lafin

首/尾

gro / tipti

大/小

kler / obskirite

明/暗

frer / ser

兄弟/姐妹

prop / sal

乾淨/骯髒

konple / inkonple

完整/缺失

lizour / lanwit

白天/晚上

vivan / mor

死/生

larz / sere

寬/窄

komestib / inkomestib

可食用/非食用

move / bon

邪惡/善良

exsite / agase

興奮/無聊

gra / mins

胖/瘦

premie / dernie

第一/最後

kamwad / lennmi

朋友/敵人

ranpli / vid

滿/空

dir / mou

硬/軟

lour / leze

重/輕

fin / swaf

餓/渴

malad / bien

生病/健康

ilegal / legal

非法/合法

intelizan / kouyon

聰明/愚笨

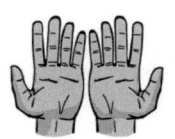

gos / drwat

左/右

pre / lwin

近/遠

nouvo / ize

新/舊

nanye / kiksoz

沒有/有些

vie / zenn

老/幼

demare / arete

開/關

ouver / ferme

打開/闔上

trankil / for

安靜/吵鬧

ris / pov

富/窮

bon / move

對/錯

brit / lis

粗糙/光滑

tris / zwaye

傷心/高興

kourt / long

短/長

lan / rapid

慢/快

tranpe / sek

濕/乾

so / fre

溫暖/涼爽

lager / lape

戰爭/和平

nimero
數字

0

zero

零

1

enn

一

2

de

二

3

trwa

三

4

kat

四

5

sink

五

6

sis

六

7

set

七

8

wit

八

9

nef

九

10

distribiter biye

十

11

onz

十一

12

douz

十二

13

trez

十三

14

katorz

十四

15

kinz

十五

16

sez

十六

17

diset

十七

18

dizwit

十八

19

diznef

十九

20

vin

二十

100

san

百

1.000

mil

千

1.000.000

milyon

百萬

Angle

英語

Angle Lamerik

美式英語

Mandarin Sinwa

普通話

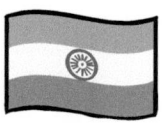

Hindi

印地語

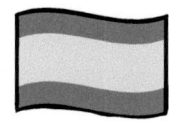

espagnol

西班牙語

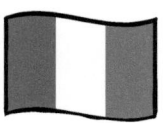

Franse

法語

Arab

阿拉伯語

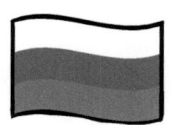

Ris

俄語

Portige

葡萄牙語

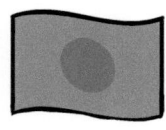

Bengali

孟加拉語

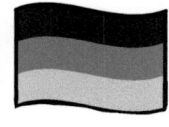

Alman

德語

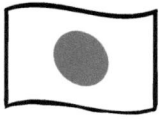

Zapone

日語

mo

我

to

你

li

他/她/它

nou

我們

ou

你們

zot

他們

kisana?

誰？

kiete?

什麼？

kouma?

如何？

kotsa?

何處？

kan?

何時？

nom

名字

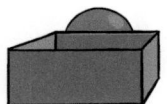

deryer

後面

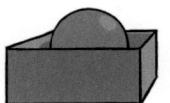

dan

裡面

devan

前面

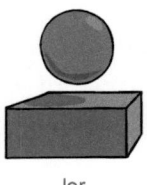

lor

上方

lor

上面

anba

下麵

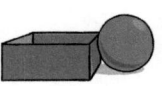

akote

旁邊

ant

中間

plas

地點